圖書在版編目（CIP）數據

列子 / （戰國）列子著. — 揚州 ： 廣陵書社,
2017.6
（文華叢書）
ISBN 978-7-5554-0706-5

Ⅰ. ①列… Ⅱ. ①列… Ⅲ. ①道家 Ⅳ. ①B223.21

中國版本圖書館CIP數據核字（2017）第169394號

ISBN 978-7-5554-0706-5

列子

著者 （戰國）列子
責任編輯 金晶 丁晨晨
出版人 曾學文
出版發行 廣陵書社
社址 揚州市維揚路三四九號
郵編 二二五〇〇九
電話 （〇五一四）八五二二八〇八八 八五二二八〇八九
印刷 常州市金壇古籍印刷廠有限公司
版次 二〇一七年六月第一版第一次印刷
標準書號 ISBN 978-7-5554-0706-5
定價 壹佰貳拾捌圓整（全貳冊）

微信二维码

微博二维码

http://www.yzglpub.com E-mail:yzglss@163.com

（戰國）列子 著

列子

中國·揚州
廣陵書社

文華叢書序

時代變遷，經典之風采不衰；文化演進，傳統之魅力更著。古人有登高懷遠之慨，今人有探幽訪勝之思。在印刷裝幀技術日新月異的今天，國粹綫裝書的踪迹愈來愈難尋覓，給傾慕傳統的讀書人帶來了不少惆悵和遺憾。我們編印《文華叢書》，實是爲喜好傳統文化的士子提供精神的享受和慰藉。

叢書立意是將傳統文化之精華萃于一編。以内容言，所

選均爲經典名著，自諸子百家、詩詞散文以至蒙學讀物、明清小品，咸予收羅，經數年之積纍，已蔚然可觀。以形式言，則採用激光照排，文字大方，版式疏朗，宣紙精印，綫裝裝幀，讀來令人賞心悦目。同時，爲方便更多的讀者購買，復盡量降低成本、降低定價，好讓綫裝珍品更多地進入尋常百姓人家。

可以想象，讀者于忙碌勞頓之餘，安坐窗前，手捧一册古樸精巧的綫裝書，細細把玩，静静研讀，如沐春風，如品醇醲……此情此景，令人神往。

讀者對于綫裝書的珍愛使我們感受到傳統文化的魅力。

近年來，叢書中的許多品種均一再重印。爲方便讀者閱讀收藏，特進行改版，將開本略作調整，擴大成書尺寸，以使版面更加疏朗美觀。相信《文華叢書》會贏得越來越多讀者的喜愛。

有《文華叢書》相伴，可享受高品位的生活。

廣陵書社編輯部

二〇一五年十一月

出版説明

列子（約前四五〇—前三七五）即列禦寇，又名圄寇。戰國時鄭國人，爲先秦諸子之一。他的事迹已不可考，據《戰國策·韓策》記載，史疾治列子之學，説列子『貴正』，重視正名。

《列子》是中國古代思想史上的重要著作之一，唐天寶年間，列子被册封爲冲虚真人，其書亦被改題爲《冲虚真經》。北宋景德年間又改題《冲虚至德真經》，被列爲道教重要經典之一。

《列子》共八卷，《漢書·藝文志》有著録。漢宣帝時，劉向奉旨校理群籍，所校《列子》即爲集合公私所藏二十篇而最終確定爲八篇。直至東晋末年，張湛爲《列子》作注，多方搜集并重新整理。自張湛《列子注》出，《列子》逐漸爲學者所注意。自唐代柳宗元疑《列子》以來，關于其真僞的考辨幾乎貫穿了《列子》研究的全過程。

雖然《列子》成書真僞歷代有争論，但今本《列子》廣泛采録古籍素材，如《莊子》《韓非子》《吕氏春秋》《淮南子》等，有較高文獻價值。其中有些寓言故事古樸無華，不見于漢魏諸書，如愚公移山、扁鵲易心等。可知今本《列子》中也保存了不少古本《列子》殘篇與零星記載，對于研究列子其人及其思想仍然有一定文獻參考價值。

《列子》包含深刻的哲學思想，既對老莊學派思想有所繼承與發展，也是魏晉玄學思想的組成部分。書中所特有的一些自然科技思想，具有不凡的科技價值。還因書中充滿了個性和智慧，讀來妙趣橫生，雋永味長，發人深思。《列子》把『道』融匯于故事之中，入乎其内，出乎其外，具有很高的文學價值。

《列子》的版本甚多，清人汪繼培曾取影宋本、纂圖互注本、明世德堂本、虞九章和王震亨同訂本參訂缺誤，刻入《湖海樓叢書》。今人楊伯峻先生以衆本參校，于汪本頗多訂正，并吸取歷代注家解釋，著成《列子集釋》，是爲《列子》一書最好的版本。本書主要以明世德堂本爲底本，以饗讀者。

廣陵書社編輯部

二〇一七年六月

目録

天瑞第一

子列子居鄭圃，四十年人無識者。國君卿大夫視之，猶衆庶也。國不足，將嫁于衛。弟子曰：『先生往無反期，弟子敢有所謁，先生將何以教？先生不聞壺丘子林之言乎？』子列子笑曰：『壺子何言哉？雖然，夫子嘗語伯昏瞀人，吾側聞之，試以告女。其言曰：有生不生，有化不化。不生者能生生，不化者能化化。生者不能不生，化者不能不化，故常生常化。常生常化者，無時不生，無時不化。陰陽爾，四時爾，不

生者疑獨，不化者往復。往復，其際不可終；疑獨，其道不可窮。《黄帝書》曰：「谷神不死，是謂玄牝。玄牝之門，是謂天地之根。綿綿若存，用之不勤。」故生物者不生，化物者不化。自生自化，自形自色，自智自力，自消自息。謂之生化、形色、智力、消息者，非也。』

子列子曰：『昔者聖人因陰陽以統天地。夫有形者生于無形，則天地安從生？故曰：有太易，有太初，有太始，有太素。太易者，未見氣也；太初者，氣之始也；太始者，形之始也；太素者，質之始也。氣形質具而未相離，故曰渾淪。渾

淪者，言萬物相渾淪而未相離也。視之不見，聽之不聞，循之不得，故曰易也。易無形埒，易變而爲一，一變而爲七，七變而爲九。九變者，究也，乃復變而爲一。一者，形變之始也。清輕者上爲天，濁重者下爲地，冲和氣者爲人；故天地含精，萬物化生。』

子列子曰：『天地無全功，聖人無全能，萬物無全用。故天職生覆，地職形載，聖職教化，物職所宜。然則天有所短，地有所長，聖有所否，物有所通。何則？生覆者不能形載，形載者不能教化，教化者不能違所宜，宜定者不出所位。故天地之道，非陰則陽；聖人之教，非仁則義；萬物之宜，非柔則剛：此皆隨所宜而不能出所位者也。故有生者，有生生者；有形者，有形形者；有聲者，有聲聲者；有色者，有色色者；有味者，有味味者。生之所生者死矣，而生生者未嘗終；形之所形者實矣，而形形者未嘗有；聲之所聲者聞矣，而聲聲者未嘗發；色之所色者彰矣，而色色者未嘗顯；味之所味者嘗矣，而味味者未嘗呈：皆無爲之職也。能陰能陽，能柔能剛，能短能長，能圓能方，能生能死，能暑能涼，能浮能沉，能宮能商，能出能没，能玄能黄，能甘能苦，能羶能香。無知也，無能也，而無不知也，而無不能也。』

子列子適衛，食于道，從者見百歲髑髏，攓蓬而指，顧謂弟子百豐曰：『唯予與彼知而未嘗生未嘗死也。此過養乎？此過歡乎？種有幾：若鼃爲鶉，得水爲㡭，得水土之際，則爲鼃蠙之衣。生于陵屯，則爲陵舄。陵舄得鬱栖，則爲烏足。烏足之根爲蠐螬，其葉爲胡蝶。胡蝶胥也，化而爲蟲，生竈下，其狀若脱，其名曰鴝掇。鴝掇千日化而爲鳥，其名曰乾餘骨。乾餘骨之沫爲斯彌。斯彌爲食醯頤輅。食醯頤輅生乎食醯黄軦，食醯黄軦生乎九猷。九猷生乎瞀芮，瞀芮生乎腐蠸，羊

肝化爲地皋，馬血之爲轉鄰也，人血之爲野火也。鷂之爲鸇，鸇之爲布穀，布穀久復爲鷂也。鷰之爲蛤也，田鼠之爲鶉也，朽瓜之爲魚也，老韭之爲莧也。老羭之爲猨也，魚卵之爲蟲。亶爰之獸，自孕而生，曰類。河澤之鳥視而生，曰鶂。純雌其名大菁，純雄其名稺蜂。思士不妻而感，思女不夫而孕。后稷生乎巨跡，伊尹生乎空桑。厥昭生乎濕，醯雞生乎酒。羊奚比乎不箰，久竹生青寧，青寧生程，程生馬，馬生人。人久入于機。萬物皆出于機，皆入于機。』

《黄帝書》曰：『形動不生形而生影，聲動不生聲而生響，

無動不生無而生有。』形，必終者也。天地終乎？與我偕終。終進乎？不知也。道終乎本無始，進乎本不久。有生則復于不生，有形則復于無形。不生者，非本不生者也；無形者，非本無形者也。生者，理之必終者也。終者不得不終，亦如生者之不得不生。而欲恒其生，畫其終，惑于數也。精神者，天之分；骨骸者，地之分。屬天清而散，屬地濁而聚。精神離形，各歸其真，故謂之鬼。鬼，歸也，歸其真宅。黃帝曰：『精神入其門，骨骸反其根，我尚何存？』

人自生至終，大化有四：嬰孩也，少壯也，老耄也，死亡

也。其在嬰孩，氣專志一，和之至也，物不傷焉，德莫加焉。其在少壯，則血氣飄溢，欲慮充起，物所攻焉，德故衰焉。其在老耄，則欲慮柔焉，體將休焉，物莫先焉。雖未及嬰孩之全，方于少壯，間矣。其在死亡也，則之于息焉，反其極矣。

孔子游于太山，見榮啓期行乎郕之野，鹿裘帶索，鼓琴而歌。孔子問曰：『先生所以樂，何也？』對曰：『吾樂甚多。天生萬物，唯人爲貴。而吾得爲人，是一樂也。男女之別，男尊女卑，故以男爲貴，吾既得爲男矣，是二樂也。人生有不見日月、不免襁褓者，吾既已行年九十矣，是三樂也。貧者士之

常也，死者人之終也，處常得終，當何憂哉？』孔子曰：『善乎？能自寬者也。』

林類年且百歲，底春被裘，拾遺穗于故畦，并歌并進。孔子適衛，望之于野。顧謂弟子曰：『彼叟可與言者，試往訊之！』子貢請行。逆之壠端，面之而嘆曰：『先生曾不悔乎，而行歌拾穗？』林類行不留，歌不輟。子貢叩之不已，乃仰而應曰：『吾何悔邪？』子貢曰：『先生少不勤行，長不競時，老無妻子，死期將至，亦有何樂而拾穗行歌乎？』林類笑曰：『吾之所以爲樂，人皆有之，而反以爲憂。少不勤行，長不競時，故能壽若此。老無妻子，死期將至，故能樂若此。』子貢曰：『壽者人之情，死者人之惡。子以死爲樂，何也？』林類曰：『死之與生，一往一反。故死于是者，安知不生于彼？故吾知其不相若矣。吾又安知營營而求生非惑乎？亦又安知吾今之死不愈昔之生乎？』子貢聞之，不喻其意，還以告夫子。夫子曰：『吾知其可與言，果然。然彼得之而不盡者也。』

子貢倦于學，告仲尼曰：『願有所息。』仲尼曰：『生無所息。』子貢曰：『然則賜息無所乎？』仲尼曰：『有焉耳。望其壙，睾如也，宰如也，墳如也，鬲如也，則知所息矣。』子貢曰：『大哉死乎！君子息焉，小人伏焉。』仲尼曰：『賜！汝知之矣。人胥知生之樂，未知生之苦；知老之憊，未知老之佚；知死之惡，未知死之息也。晏子曰：「善哉，古之有死也！仁者息焉，不仁者伏焉。」死也者，德之徼也。古者謂死人爲歸人。夫言死人爲歸人，則生人爲行人矣。行而不知歸，失家者也。一人失家，一世非之；天下失家，莫知非焉。有人去鄉土、離六親、廢家業、游于四方而不歸者，何人哉？世必謂之爲狂蕩之人矣。又有人鍾賢世、矜巧能、修名譽、誇張于世而不知己者，亦何人哉？世必以爲智謀之士。此二者，胥失者也。而世與一不與一，唯聖人知所與，知所去。』

或謂子列子曰：『子奚貴虛？』列子曰：『虛者無貴也。』子列子曰：『非其名也，莫如靜，莫如虛。靜也虛也，得其居矣；取也與也，失其所矣。事之破䃣而後有舞仁義者，弗能復也。』

粥熊曰：『運轉亡已，天地密移，疇覺之哉？故物損于彼者盈于此，成于此者虧于彼。損盈成虧，隨世隨死。往來相接，間不可省，疇覺之哉？凡一氣不頓進，一形不頓虧；亦不覺其成，亦不覺其虧。亦如人自世至老，貌色智態，亡日不异；皮膚爪髮，隨世隨落，非嬰孩時有停而不易也。間不可覺，俟至後知。』

杞國有人憂天地崩墜，身亡所寄，廢寢食者。又有憂彼之所憂者，因往曉之，曰：『天，積氣耳，亡處亡氣。若屈伸呼吸，終日在天中行止，奈何憂崩墜乎？』其人曰：『天果積氣，日月星宿，不當墜耶？』曉之者曰：『日月星宿，亦積氣中之有光耀者。只使墜，亦不能有所中傷。』其人曰：『奈地壞何？』曉者曰：『地積塊耳，充塞四虛，亡處亡塊。若躇步跐蹈，終日在地上行止，奈何憂其壞？』其人舍《釋文》：『舍，音釋。』據文意，此處『舍』應作『釋』。然大喜，曉之者亦舍然大喜。長廬子聞而笑曰：『虹蜺也，雲霧也，風雨也，四時也，此積氣之成乎天者也。山岳也，河海也，金石也，火木也，此積形之成乎地者也。知積氣也，知積塊也，奚謂不壞？夫天地，空中之一細物，有中之最巨者。難終難窮，此固然矣；難測難識，此固然矣。憂其壞者，誠爲大遠；言其不壞者，亦爲未是。天地不得不壞，則會歸于壞。遇其壞時，奚爲不憂哉？』子列子聞而笑曰：『言天地壞者亦謬，言天地不壞者亦謬。壞與不壞，吾所不能知也。雖然，彼一也，此一也。故生不知死，死不知生；

來不知去，去不知來。壞與不壞，吾何容心哉？』

舜問乎烝曰：『道可得而有乎？』曰：『汝身非汝有也，汝何得有夫道？』舜曰：『吾身非吾有，孰有之哉？』曰：『是天地之委形也。生非汝有，是天地之委和也。性命非汝有，是天地之委順也。孫子非汝有，是天地之委蜕也。故行不知所往，處不知所持，食不知所以。天地强陽，氣也，又胡可得而有邪？』

齊之國氏大富，宋之向氏大貧，自宋之齊，請其術。國氏告之曰：『吾善爲盗。始吾爲盗也，一年而給，二年而足，三年大穰。自此以往，施及州閭。』向氏大喜，喻其爲盗之言，而不喻其爲盗之道，遂逾垣鑿室，手目所及，亡不探也。未及時，以贓獲罪，没其先居之財。向氏以國氏之謬己也，往而怨之。國氏曰：『若爲盗若何？』向氏言其狀。國氏曰：『嘻！若失爲盗之道至此乎？今將告若矣。吾聞天有時，地有利。吾盗天地之時利，雲雨之滂潤，山澤之産育，以生吾禾，殖吾稼，築吾垣，建吾舍，陸盗禽獸，水盗魚鱉，亡非盗也。夫禾稼、土木、禽獸、魚鱉，皆天之所生，豈吾之所有？然吾盗天而亡殃。夫金玉珍寶，穀帛財貨，人之所聚，豈天之所與？若盗之而獲罪，孰怨哉？』向氏大惑，以爲國氏之重罔己也，過東郭先生問焉。東郭先生曰：『若一身庸非盜乎？盜陰陽之和以成若生，載若形，况外物而非盜哉？誠然，天地萬物不相離也。仞而有之，皆惑也。國氏之盜，公道也，故亡殃；若之盜，私心也，故得罪。有公私者，亦盜也；亡公私者，亦盜也。公公私私，天地之德。知天地之德者，孰爲盜耶？孰爲不盜耶？』

黃帝第二

黃帝即位十有五年，喜天下戴己，養正命，娱耳目，供鼻口，焦然肌色皯黣，昏然五情爽惑。又十有五年，憂天下之不治，竭聰明，進智力，營百姓，焦然肌色皯黣，昏然五情爽惑。黃帝乃喟然贊《釋文》：『贊，音嘆。』據文意，『贊』應爲『嘆』。曰：『朕之過淫《釋文》：『淫，音深。』據文意，『淫』應爲『深』。矣。養一己其患如此，治萬物其患如此。』于是放萬機，舍宮寢，去直侍，徹鐘懸。減廚膳，退而間居大庭之館，齋心服形，三月不親政事。晝寢而夢，游于華胥氏之國。華胥氏之國在弇州之西，台州之北，不知斯齊國幾千萬里。蓋非舟車足力之所及，神游而已。其國無師長，自然而已。其民無嗜欲，自然而已。不知樂生，不知惡死，故無夭殤；不知親己，不知疏物，故無愛憎；不知背逆，不知向順，故無利害：都無所愛惜，都無所畏忌。入水不溺，入火不熱。斫撻無傷痛，指擿無痟癢。乘空如履實，寢虛若處床。雲霧不硋其視，雷霆不亂其聽，美惡不滑其心，山谷不躓其步，神行而已。黃帝既寤，怡然自得，召天老、力牧、太山稽，告之，曰：『朕閑居三月，齋心服形，思有以養身治物之道，弗獲其術。疲而睡，所夢若此。今知至道不可以情求矣。朕知之矣！朕得之矣！而不能以告若矣。』又二十有八年，天下大治，幾若華胥氏之國，而帝登假，《釋文》：『假，音遐。』據文意，『假』應爲『遐』。百姓號之，二百餘年不輟。

列姑射山在海河洲中，山上有神人焉，吸風飲露，不食五穀；心如淵泉，形如處女；不偎不愛，仙聖爲之臣；不畏不怒，愿愨爲之使；不施不惠，而物自足；不聚不斂，而己無愆。陰陽常調，日月常明，四時常若，風雨常均，字育常時，年穀常豐；而土無札傷，人無夭惡，物無疵厲，鬼無靈響焉。

列子師老商氏，友伯高子，進二子之道，乘風而歸。尹生聞之，從列子居，數月不省舍。因間請蘄其術者，十反而十不告。尹生懟而請辭，列子又不命。尹生退，數月，意不已，又往從之。列子曰：『汝何去來之頻？』尹生曰：『曩章戴有請于子，子不我告，固有憾于子。今復脱然，是以又來。』列子曰：『曩吾以汝爲達，今汝之鄙至此乎。姬！將告汝所學于夫子者矣。自吾之事夫子友若人也，三年之後，心不敢念是非，口不敢言利害，始得夫子一眄而已。五年之後，心庚念是非，口庚言利害，夫子始一解顔而笑。七年之後，從心之所念，庚無是非；從口之所言，庚無利害。夫子始一引吾并席而坐。九年之後，横心之所念，横口之所言，亦不知我之是非利害歟，亦不知彼之是非利害歟；亦不知夫子之爲我師，若人之爲我友：内外進矣。而後眼如耳，耳如鼻，鼻如口，無不同也。心凝形釋，骨肉都融。不覺形之所倚，足之所履，隨風東西，猶木葉幹殼。竟不知風乘我邪？我乘風乎？今女居先生之門，曾未浹時，而懟憾者再三。女之片體將氣所不受，汝之一節將地所不載。履虛乘風，其可幾乎？』尹生甚怍，屏息良久，不敢復言。

列子問關尹曰：『至人潛行不空，蹈火不熱，行乎萬物之上而不慄。請問何以至于此？』關尹曰：『是純氣之守也，非智巧果敢之列。姬！魚語女。凡有貌像聲色者，皆物也。物與物何以相遠也？夫奚足以至乎先？是色而已。則物之造乎不形，而止乎無所化。夫得是而窮之者，焉得而正焉？彼將處乎不深之度，而藏乎無端之紀，游乎萬物之所終始。壹其性，養其氣，含其德，以通乎物之所造。夫若是者，其天守全，其神無郤，物奚自入焉？夫醉者之墜于車也，雖疾不死。骨節與人同，而犯害與人异，其神全也。乘亦弗知也，墜亦弗知也。死生驚懼不入乎其胸，是故忤物而不慴。彼得全于酒而猶若是，而况得全于天乎？聖人藏于天，故物莫之能傷也。』

列禦寇爲伯昏無人射，引之盈貫，措杯水其肘上，發之，鏑矢復沓，方矢復寓。當是時也，猶象人也。伯昏無人曰：『是射之射，非不射之射也。當與汝登高山，履危石，臨百仞之淵，若能射乎？』于是無人遂登高山，履危石，臨百仞之淵，背逡巡，足二分垂在外，揖禦寇而進之。禦寇伏地，汗流至踵。伯昏無人曰：『夫至人者，上窺青天，下潛黄泉，揮斥八極，神氣不變。今汝怵然有恂目之志，爾于中也殆矣夫！』

范氏有子曰子華，善養私名，舉國服之，有寵于晋君，不仕而居三卿之右。目所偏視，晋國爵之；口所偏肥，晋國黜之。游其庭者侔于朝。子華使其俠客以智鄙相攻，彊弱相淩。雖傷破于前，不用介意。終日夜以此爲戲樂，國殆成俗。禾生、子伯、范氏之上客，出行，經坰外，宿于田更商丘開之舍。中夜，禾生、子伯二人相與言子華之名勢，能使存者亡，亡者存，富者貧，貧者富。商丘開先窘于飢寒，潜于牖北聽之。因假糧荷畚之子華之門。子華之門徒皆世族也，縞衣乘軒，緩步闊視。顧見商丘開年老力弱，面目黎黑，衣冠不檢，莫不眲之。既而狎侮欺詒，攩拯挨抌，亡所不爲。商丘開常無慍容，而諸客之技單，憊于戲笑。遂與商丘開俱乘高臺，于衆中漫言曰：『有能自投下者賞百金。』衆皆競應。商丘開以爲信然，遂先投下，形若飛鳥，揚于地，肌骨無碼。范氏之黨以爲偶然，未詎怪也。因復指河曲之淫隈曰：『彼中有寶珠，泳可得也。』商丘開復從而泳之，既出，果得珠焉。衆昉同疑。子華昉令豫肉食衣帛之次。俄而范氏之藏大火。子華曰：『若能入火取錦者，從所得多少賞若。』商丘開往無難色，入火往還，埃不漫，身不焦。范氏之黨以爲有道，乃共謝之曰：『吾不知子之有道而誕子，吾不知子之神人而辱子。子其愚我也，子其聾我也，子其盲我也，敢問其道。』商丘開曰：『吾亡道。雖吾之心，亦不知所以。雖然，有一于此，試與子言之。曩子二客之宿吾舍也，聞譽范氏之勢，能使存者亡，亡者存，富者貧，貧者富。吾誠之無二心，故不遠而來。及來，以子黨之言皆實也，唯恐誠之之不至，行之之不及，不知形體之所措，利害之所存也。心一而已。物亡迕者，如斯而已。今昉知子黨之誕我，我内藏猜慮，外矜觀聽，追幸昔日之不焦溺也，怛然内熱，惕然震悸矣。水火豈復可近哉？』自此之後，范氏門徒路遇乞兒馬醫，弗敢辱也，必下車而揖之。宰我聞之，以告仲尼。仲尼曰：『汝弗知乎？夫至信之人，可以感物也。動天地，感鬼神，横六合，而無逆者，豈但履危險，入水火而已哉？商丘開信僞物猶不逆，况彼我皆誠哉？小子識之！』

周宣王之牧正有役人梁鴦者，能養野禽獸，委食于園庭之内，雖虎狼雕鶚之類，無不柔馴者。雄雌在前，孳尾成群，异類雜居，不相搏噬也。王慮其術終于其身，令毛丘園傳之。梁鴦曰：『鴦，賤役也，何術以告爾？懼王之謂隱于爾也，且一言我養虎之法。凡順之則喜，逆之則怒，此有血氣者之性也。然喜怒豈妄發哉？皆逆之所犯也。夫食虎者，不敢以生物與之，爲其殺之之怒也；不敢以全物與之，爲其碎之之怒也。時其飢飽，達其怒心。虎之與人异類，而媚養己者，順也；故其殺之，逆也。然則吾豈敢逆之使怒哉？亦不順之使喜也。夫喜之復也必怒，怒之復也常喜，皆不中也。今吾心無逆順者也，則鳥獸之視吾，猶其儕也。故游吾園者，不思高林曠澤；寢吾庭者，不願深山幽谷。理使然也。』

顔回問乎仲尼曰：『吾嘗濟乎觴深之淵矣，津人操舟若神。吾問焉，曰：「操舟可學邪？」曰：「可。能游者可教也，善游者數能。乃若夫没人，則未嘗見舟而謖操之者也。」吾問焉，而不告。敢問何謂也？』仲尼曰：『譆！吾與若玩其文也久矣，而未達其實，而固且道與。能游者可教也，輕水也；善游者之數能也，忘水也。乃若夫没人之未嘗見舟也而謖操之也，彼視淵若陵，視舟之覆猶其車卻也。覆卻萬物方陳乎前而不得入其舍。惡往而不暇？以瓦摳者巧，以鉤摳者憚，以黄金摳者惛。巧一也，而有所矜，則重外也。凡重外者拙内。』

孔子觀于呂梁，懸水三十仞，流沫三十里，黿鼉魚鱉之所不能游也。見一丈夫游之，以爲有苦而欲死者也，使弟子并流而承之。數百步而出，被髮行歌，而游于棠行。孔子從而問之，曰：『呂梁懸水三十仞，流沫三十里，黿鼉魚鱉所不能游，向吾見子道之，以爲有苦而欲死者，使弟子并流將承子。子出而被髮行歌，吾以子爲鬼也。察子，則人也。請問蹈水有道乎？』曰：『亡，吾無道。吾始乎故，長乎性，成乎命，與齎俱入，與汩偕出。從水之道而不爲私焉，此吾所以道之也。』孔子曰：『何謂始乎故，長乎性，成乎命也？』曰：『吾生于陵而安于陵，故也；長于水而安于水，性也；不知吾所以然而然，命也。』

仲尼適楚，出于林中，見痀僂者承蜩，猶掇之也。仲尼曰：『子巧乎！有道邪？』曰：『我有道也。五六月，纍垸二而不墜，則失者錙銖；纍三而不墜，則失者十一；纍五而不墜，猶掇之也。吾處也，若橛株駒，吾執臂若槁木之枝。雖天地之大，萬物之多，而唯蜩翼之知。吾不反不側，不以萬物易蜩之翼，何爲而不得？』孔子顧謂弟子曰：『用志不分，乃凝于神。其痀僂丈人之謂乎！』丈人曰：『汝逢衣徒也，亦何知問是乎？修汝所以，而後載言其上。』

海上之人有好漚鳥者，每旦之海上，從漚鳥游，漚鳥之至者百住而不止。其父曰：『吾聞漚鳥皆從汝游，汝取來，吾玩之。』明日之海上，漚鳥舞而不下也。故曰：至言去言，至爲無爲。齊智之所知，則淺矣。

趙襄子率徒十萬，狩于中山，藉芿燔林，扇赫百里。有一人從石壁中出，隨烟燼上下。衆謂鬼物。火過，徐行而出，若無所經涉者。襄子怪而留之，徐而察之：形色七竅，人也；氣息音聲，人也。問奚道而處石？奚道而入火？其人曰：『奚

物而謂石？奚物而謂火？』襄子曰：『而鄉之所出者，石也；而鄉之所涉者，火也。』其人曰：『不知也。』魏文侯聞之，問子夏曰：『彼何人哉？』子夏曰：『以商所聞夫子之言，和者大同于物，物無得傷閡者，游金石，蹈水火，皆可也。』文侯曰：『吾子奚不爲之？』子夏曰：『刳心去智，商未之能。雖然，試語之有暇矣。』文侯曰：『夫子奚不爲之？』子夏曰：『夫子能之而能不爲者也。』文侯大説。

有神巫自齊來處于鄭，命曰季咸，知人死生、存亡、禍福、壽夭，期以歲、月、旬、日，如神。鄭人見之，皆避而走。列子

見之而心醉，而歸以告壺丘子，曰：『始吾以夫子之道爲至矣，則又有至焉者矣。』壺子曰：『吾與汝無其文，未既其實，而固得道與？衆雌而無雄，而又奚卵焉？而以道與世抗，必信矣。夫故使人得而相汝。嘗試與來，以予示之。』明日，列子與之見壺子。出而謂列子曰：『嘻！子之先生死矣，弗活矣，不可以旬數矣。吾見怪焉，見濕灰焉。』列子入，涕泣沾衿，以告壺子。壺子曰：『向吾示之以地文，罪乎不誫不止，是殆見吾杜德幾也。嘗又與來！』明日，又與之見壺子，出而謂列子曰：『幸矣，子之先生遇我也，有瘳矣。灰然有生矣，

吾見杜權矣。』列子入告壺子。壺子曰：『向吾示之以天壤，名實不入，而機發于踵，此爲杜權。是殆見吾善者幾也。嘗又與來！』明日，又與之見壺子，出而謂列子曰：『子之先生坐不齋，吾無得而相焉。試齋，將且復相之。』列子入告壺子。壺子曰：『向吾示之以太沖莫眹，是殆見吾衡氣幾也。鯢旋之潘爲淵，止水之潘爲淵，流水之潘爲淵，濫水之潘爲淵，沃水之潘爲淵，氿水之潘爲淵，雍水之潘爲淵，汧水之潘爲淵，肥水之潘爲淵，是爲九淵焉。嘗又與來！』明日，又與之見壺子。立未定，自失而走。壺子曰：『追之！』列子追之而不及，

反以報壺子，曰：『已滅矣，已失矣，吾不及也。』壺子曰：『向吾示之以未始出吾宗。吾與之虛而猗移，不知其誰何，因以爲茅靡，因以爲波流，故逃也。』然後列子自以爲未始學而歸，三年不出，爲其妻爨，食豨如食人，于事無親，雕瑑復朴，塊然獨以其形立。份然而封戎，壹以是終。

子列子之齊，中道而反，遇伯昏瞀人。伯昏瞀人曰：『奚方而反？』曰：『吾驚焉。』『惡乎驚？』『吾食于十漿，而五漿先饋。』伯昏瞀人曰：『若是，則汝何爲驚已？』曰：『夫内誠不解，形諜成光，以外鎮人心，使人輕乎貴老，而整其所患。夫漿人特爲食羹之貨，多餘之贏。其爲利也薄，其爲權也輕，而猶若是。而况萬乘之主，身勞于國，而智盡于事。彼將任我以事，而效我以功，吾是以驚。』伯昏瞀人曰：『善哉觀乎！汝處已，人將保汝矣。』無幾何而往，則户外之屨滿矣。伯昏瞀人北面而立，敦杖蹙之乎頤，立有間，不言而出。賓者以告列子。列子提履徒跣而走，暨乎門，問曰：『先生既來，曾不廢藥乎？』曰：『已矣。吾固告汝曰，人將保汝，果保汝矣。非汝能使人保汝，而汝不能使人無汝保也，而焉用之感也？感豫出异。且必有感也，摇而本身，又無謂也。與汝游者，莫汝告也。彼所小言，盡人毒也。莫覺莫悟，何相孰也。』

楊朱南之沛，老聃西游于秦，邀于郊。至梁而遇老子。老子中道仰天而嘆曰：『始以汝爲可教，今不可教也。』楊朱不答。至舍，進涫漱巾櫛，脱履户外，膝行而前，曰：『向者夫子仰天而嘆曰：「始以汝爲可教，今不可教。」弟子欲請夫子辭，行不間，是以不敢。今夫子間矣，請問其過。』老子曰：『而睢睢而盱盱，而誰與居？大白若辱，盛德若不足。』楊朱蹴然變容曰：『敬聞命矣！』其往也，舍迎將家，公執席，妻執巾櫛，舍者避席，煬者避竈。其反也，舍者與之争席矣。

楊朱過宋，東之于逆旅。逆旅人有妾二人，其一人美，其一人惡，惡者貴而美者賤。楊子問其故。逆旅小子對曰：『其美者自美，吾不知其美也；其惡者自惡，吾不知其惡也。』楊子曰：『弟子記之！行賢而去自賢之行，安往而不愛哉！』

天下有常勝之道，有不常勝之道。常勝之道曰柔，常不勝之道曰强。二者亦《釋文》：『亦，本作易。』知，而人未之知。故上古之言：强，先不己若者；柔，先出于己者。先不己若者，至于若己，則殆矣。先出于己者，亡所殆矣。以此勝一身若徒，以此任天下若徒，謂不勝而自勝，不任而自任也。粥子曰：

『欲剛，必以柔守之；欲强，必以弱保之。積于柔必剛，積于弱必强。觀其所積，以知禍福之鄉。强勝不若己，至于若己者剛；柔勝出于己者，其力不可量。』老聃曰：『兵强則滅，木强則折。柔弱者生之徒，堅强者死之徒。』

狀不必童而智童，智不必童而狀童。聖人取童智而遺童狀，衆人近童狀而疏童智。狀與我童者，近而愛之；狀與我异者，疏而畏之。有七尺之骸，手足之异，戴髮含齒，倚而趣者，謂之人，而人未必無獸心。雖有獸心，以狀而見親矣。傅翼戴角，分牙布爪，仰飛伏走，謂之禽獸，而禽獸未必無人心。

雖有人心，以狀而見疏矣。庖犧氏、女媧氏、神農氏、夏后氏，蛇身人面，牛首虎鼻：此有非人之狀，而有大聖之德。夏桀、殷紂、魯桓、楚穆，狀貌七竅，皆同于人，而有禽獸之心。而衆人守一狀以求至智，未可幾也。黃帝與炎帝戰于阪泉之野，帥熊、羆、狼、豹、貙、虎爲前驅，鵰、鶡、鷹、鳶爲旗幟，此以力使禽獸者也。堯使夔典樂，擊石拊石，百獸率舞；簫韶九成，鳳皇來儀：此以聲致禽獸者也。然則禽獸之心，奚爲异人？形音與人异，而不知接之之道焉。聖人無所不知，無所不通，故得引而使之焉。禽獸之智有自然與人童者，其齊欲攝生，亦不假智于人也：牝牡相偶，母子相親；避平依險，違寒就温；居則有群，行則有列；小者居内，壯者居外；飲則相携，食則鳴群。太古之時，則與人同處，與人并行。帝王之時，始驚駭散亂矣。逮于末世，隱伏逃竄，以避患害。今東方介氏之國，其國人數數解六畜之語者，蓋偏知之所得。太古神聖之人，備知萬物情態，悉解异類音聲。會而聚之，訓而受之，同于人民。故先會鬼神魑魅，次達八方人民，末聚禽獸蟲蛾。言血氣之類心智不殊遠也。神聖知其如此，故其所教訓者，無所遺逸焉。

宋有狙公者，愛狙，養之成群，能解狙之意，狙亦得公之心。損其家口，充狙之欲。俄而匱焉，將限其食。恐衆狙之不馴于己也，先誑之曰：『與若芧，朝三而暮四，足乎？』衆狙皆起而怒。俄而曰：『與若芧，朝四而暮三，足乎？』衆狙皆伏而喜。物之以能鄙相籠，皆猶此也。聖人以智籠群愚，亦猶狙公之以智籠衆狙也。名實不虧，使其喜怒哉。

紀渻子爲周宣王養鬥鷄，十日而問：『鷄可鬥已乎？』曰：『未也，方虚驕而恃氣。』十日又問。曰：『未也，猶應影響。』十日又問。曰：『未也，猶疾視而盛氣。』十日又問。

曰：『幾矣。鷄雖有鳴者，已無變矣。望之似木鷄矣，其德全矣。异鷄無敢應者，反走耳。』

惠盎見宋康王。康王蹀足謦欬，疾言曰：『寡人之所説者，勇有力也，不説爲仁義者也。客將何以教寡人？』惠盎對曰：『臣有道于此，使人雖勇，刺之不入，雖有力，擊之弗中。大王獨無意邪？』宋王曰：『善，此寡人之所欲聞也。』惠盎曰：『夫刺之不入，擊之不中，此猶辱也。臣有道于此，使人雖有勇，弗敢刺，雖有力，弗敢擊。夫弗敢，非無其志也。臣有道于此，使人本無其志也。夫無其志也，未有愛利之心也。臣有道于此，使天下丈夫女子莫不驩然皆欲愛利之。此其賢于勇有力也，四累之上也。大王獨無意邪？』宋王曰：『此寡人之所欲得也。』惠盎對曰：『孔墨是已。孔丘墨翟無地而爲君，無官而爲長，天下丈夫女子莫不延頸舉踵而願安利之。今大王，萬乘之主也，誠有其志，則四竟之内，皆得其利矣。其賢于孔墨也遠矣。』宋王無以應。惠盎趨而出。宋王謂左右曰：『辯矣，客之以説服寡人也！』

周穆王第三

周穆王時，西極之國有化人來，入水火，貫金石；反山川，移城邑；乘虛不墜，觸實不硋。千變萬化，不可窮極。既已變物之形，又且易人之慮。穆王敬之若神，事之若君。推路寢以居之，引三牲以進之，選女樂以娛之。化人以爲王之宮室卑陋而不可處，王之厨饌腥螻而不可饗，王之嬪御膻惡而不可親。穆王乃爲之改築。土木之功，赭堊之色，無遺巧焉。五府爲虛，而臺始成。其高千仞，臨終南之上，號曰中天之臺。

簡鄭衛之處子娥媌靡曼者，施芳澤，正蛾眉，設笄珥，衣阿錫，曳齊紈。粉白黛黑，珮玉環。雜芷若以滿之，奏《承雲》《六瑩》《九韶》《晨露》以樂之。日月獻玉衣，旦旦薦玉食。化人猶不舍然，不得已而臨之。居亡幾何，謁王同游。王執化人之袪，騰而上者，中天乃止。暨及化人之宮。化人之宮構以金銀，絡以珠玉，出雲雨之上，而不知下之據，望之若屯雲焉。耳目所觀聽，鼻口所納嘗，皆非人間之有。王實以爲清都、紫微、鈞天、廣樂，帝之所居。王俯而視之，其宮榭若累塊積蘇焉。王自以居數十年不思其國也。化人復謁王同游，所及之處，仰不見日月，俯不見河海。光影所照，王目眩不能得視；音響所來，王耳亂不能得聽。百骸六藏，悸而不凝。意迷精喪，請化人求還。化人移之，王若殞虛焉。既寤，所坐猶嚮者之處，侍御猶嚮者之人。視其前，則酒未清，肴未昲。王問所從來。左右曰：『王默存耳。』由此穆王自失者三月而復。更問化人。化人曰：『吾與王神游也，形奚動哉？且曩之所居，奚异王之宮？曩之所游，奚异王之圃？王閑恒有，疑蹔亡。變化之極，徐疾之間，可盡模哉？』王大悦。不恤國事，不樂臣妾，肆意遠游。命駕八駿之乘，右服驊騮而左綠耳，右驂赤驥而左白𣚃，主車則造父爲御，离冏爲右；次車之乘，右服渠黃而左逾輪，左驂盜驪而右山子，柏夭主車，參百爲御，奔戎爲右。馳驅千里，至于巨蒐氏之國。巨蒐氏乃獻白鵠之血以飲王，具牛馬之湩以洗王之足，及二乘之人。已飲而行，遂宿于崑崙之阿，赤水之陽。别日升于崑崙之丘，以觀黃帝之宮，而封之以詒後世。遂賓于西王母，觴于瑤池之上。西王母爲王謠，王和之，其辭哀焉。西觀日之所入。一日行萬里。王乃嘆曰：『於乎！予一人不盈于德而諧于樂，後世其追數吾過乎！』穆王幾神人哉！能窮當身之樂，猶百年乃徂，世以爲登假焉。

老成子學幻于尹文先生，三年不告。老成子請其過而求退。尹文先生揖而進之于室，屏左右而與之言曰：『昔老聃之徂西也，顧而告予曰：有生之氣，有形之狀，盡幻也。造化之所始，陰陽之所變者，謂之生，謂之死。窮數達變，因形移易者，謂之化，謂之幻。造物者其巧妙，其功深，固難窮難終。因形者其巧顯，其功淺，故隨起隨滅。知幻化之不异生死也，始可與學幻矣。吾與汝亦幻也，奚須學哉？』老成子歸，用尹文先生之言深思三月，遂能存亡自在，憣校四時，冬起雷，夏造冰。飛者走，走者飛。終身不箸《釋文》『箸』作『著』。其術，故世莫傳焉。子列子曰：『善爲化者，其道密庸，其功同人。五帝之德，三王之功，未必盡智勇之力，或由化而成。孰測之哉？』

覺有八徵，夢有六候。奚謂八徵？一曰故，二曰爲，三曰得，四曰喪，五曰哀，六曰樂，七曰生，八曰死。此者八徵，形所接也。奚謂六候？一曰正夢，二曰蘁夢，三曰思夢，四曰寤夢，五曰喜夢，六曰懼夢。此六者，神所交也。不識感變之所起者，事至則惑其所由然；識感變之所起者，事至則知其所由然。知其所由然，則無所怛。一體之盈虚消息，皆通于天地，應于物類。故陰氣壯，則夢涉大水而恐懼；陽氣壯，則夢涉大火而燔焫；陰陽俱壯，則夢生殺。甚飽則夢與，甚饑則夢取。是以以浮虛爲疾者，則夢揚；以沈實爲疾者，則夢溺。藉帶而寢則夢蛇；飛鳥銜髮則夢飛。將陰夢火，將疾夢食。飲酒者憂，歌儛者哭。子列子曰：『神遇爲夢，形接爲事。故晝想夜夢，神形所遇。故神凝者想夢自消。信覺不語，信夢不達，物化之往來者也。古之真人，其覺自忘，其寢不夢，幾虛語哉？』

西極之南隅有國焉，不知境界之所接，名古莽之國。陰陽之氣所不交，故寒暑亡辨；日月之光所不照，故晝夜亡辨。

其民不食不衣而多眠。五旬一覺，以夢中所爲者實，覺之所見者妄。四海之齊謂中央之國，跨河南北，越岱東西，萬有餘里。其陰陽之審度，故一寒一暑；昏明之分察，故一晝一夜。其民有智有愚。萬物滋殖，才藝多方。有君臣相臨，禮法相持。其所云爲不可稱計。一覺一寐，以爲覺之所爲者實，夢之所見者妄。東極之北隅有國曰阜落之國。其土氣常燠，日月餘光之照。其土不生嘉苗。其民食草根木實，不知火食。性剛悍，强弱相藉，貴勝而不尚義；多馳步，少休息，常覺而不眠。

周之尹氏大治産，其下趣役者侵晨昏而弗息。有老役夫筋力竭矣，而使之彌勤。晝則呻呼而即事，夜則昏憊而熟寐。精神荒散，昔昔夢爲國君。居人民之上，總一國之事。游燕宮觀，恣意所欲，其樂無比。覺則復役。人有慰喻其勤者，役夫曰：『人生百年，晝夜各分。吾晝爲僕虜，苦則苦矣；夜爲人君，其樂無比。何所怨哉？』尹氏心營世事，慮鍾家業，心形俱疲，夜亦昏憊而寐。昔昔夢爲人僕，趨走作役，無不爲也；數罵杖撻，無不至也。眠中啽囈呻呼，徹旦息焉。尹氏病之，以訪其友。友曰：『若位足榮身，資財有餘，勝人遠矣。夜夢爲僕，苦逸之復，數之常也。若欲覺夢兼之，豈可得邪？』尹氏聞其友言，寬其役夫之程，減己思慮之事，疾并少間。

鄭人有薪于野者，遇駭鹿，御而擊之，斃之。恐人見之也，遽而藏諸隍中，覆之以蕉，不勝其喜。俄而遺其所藏之處，遂以爲夢焉。順塗而咏其事。傍人有聞者，用其言而取之。既歸，告其室人曰：『向薪者夢得鹿而不知其處，吾今得之，彼直真夢矣。』室人曰：『若將是夢見薪者之得鹿邪？詎有薪者邪？今真得鹿，是若之夢真邪？』夫曰：『吾據得鹿，何用知彼夢我夢邪？』薪者之歸，不厭失鹿，其夜真夢藏之之處，又夢得之之主。爽旦，案所夢而尋得之。遂訟而争之，歸之士師。士師曰：『若初真得鹿，妄謂之夢；真夢得鹿，妄謂之實。彼真取若鹿，而與若争鹿。室人又謂夢仞人鹿，無人得鹿。今據有此鹿，請二分之。』以聞鄭君。鄭君曰：『嘻！士師將復夢分人鹿乎？』訪之國相。國相曰：『夢與不夢，臣所不能辨也。欲辨覺夢，唯黄帝孔丘。今亡黄帝孔丘，孰辨之哉？且恂士師之言可也。』

宋陽里華子中年病忘，朝取而夕忘，夕與而朝忘；在塗則忘行，在室而忘坐；今不識先，後不識今。闔室毒之。謁史而卜之，弗占；謁巫而禱之，弗禁；謁醫而攻之，弗已。魯有儒生自媒能治之，華子之妻子以居産之半請其方。儒生曰：『此固非卦兆之所占，非祈請之所禱，非藥石之所攻。吾試化其心，變其慮，庶幾其瘳乎！』于是試露之，而求衣；飢之，而求食；幽之，而求明。儒生欣然告其子曰：『疾可已也。然吾之方密，傳世不以告人。試屏左右，獨與居室七日。』從之。莫知其所施爲也，而積年之疾一朝都除。華子既悟，乃大怒，黜妻罰子，操戈逐儒生。宋人執而問其以。華子曰：『曩吾忘也，蕩蕩然不覺天地之有無。今頓識既往，數十年來存亡、得失、哀樂、好惡，擾擾萬緒起矣。吾恐將來之存亡、得失、哀樂、好惡之亂吾心如此也，須臾之忘，可復得乎？』子貢聞而怪之，以告孔子。孔子曰：『此非汝所及乎！』顧謂顏回紀之。

秦人逢《釋文》作『逄』。氏有子，少而惠，及壯而有迷罔之疾。聞歌以爲哭，視白以爲黑，饗香以爲朽，嘗甘以爲苦，行非以爲是：意之所之，天地、四方，水火、寒暑，無不倒錯者焉。楊氏告其父曰：『魯之君子多術藝，將能已乎？汝奚不訪焉？』其父之魯，過陳，遇老聃，因告其子之證。老聃曰：『汝庸知汝子之迷乎？今天下之人皆惑于是非，昏于利害。同疾者多，固莫有覺者。且一身之迷不足傾一家，一家之迷不足傾一鄉，一鄉之迷不足傾一國，一國之迷不足傾天下。天下盡迷，孰傾之哉？向使天下之人其心盡如汝子，汝則反迷矣。哀樂、聲色、臭味、是非，孰能正之？且吾之此言未必非迷，而況魯之君子迷之郵者，焉能解人之迷哉？榮汝之糧，不若遄歸也。』

燕人生于燕，長于楚，及老而還本國。過晉國，同行者誑之，指城曰：『此燕國之城。』其人愀然變容。指社曰：『此若里之社。』乃喟然而嘆。指舍曰：『此若先人之廬。』乃涓然而泣。指壠曰：『此若先人之冢。』其人哭不自禁。同行者啞然大笑，曰：『予昔紿若，此晉國耳。』其人大慚。及至燕，真見燕國之城社，真見先人之廬冢，悲心更微。

仲尼第四

仲尼閑居，子貢入侍，而有憂色。子貢不敢問，出告顏回。顏回援琴而歌。孔子聞之，果召回入，問曰：『若奚獨樂？』回曰：『夫子奚獨憂？』孔子曰：『先言爾志。』曰：『吾昔聞之夫子曰：「樂天知命故不憂。」回所以樂也。』孔子愀然有間曰：『有是言哉？汝之意失矣。此吾昔日之言爾，請以今言爲正也。汝徒知樂天知命之無憂，未知樂天知命有憂之大也。今告若其實：修一身，任窮達，知去來之非我，亡變亂于心慮，爾之所謂樂天知命之無憂也。曩吾修《詩》《書》，正禮樂，將以治天下，遺來世。非但修一身，治魯國而已。而魯之君臣日失其序，仁義益衰，情性益薄。此道不行一國與當年，其如天下與來世矣？吾始知《詩》《書》、禮樂無救于治亂，而未知所以革之之方。此樂天知命者之所憂。雖然，吾得之矣。夫樂而知者，非古人之所謂樂知也。無樂無知，是真樂真知。故無所不樂，無所不知，無所不憂，無所不爲。《詩》《書》、禮樂，何弃之有？革之何爲？』顏回北面拜手曰：『回亦得之矣。』出告子貢。子貢茫然自失，歸家淫思七日，不寢

不食，以至骨立。顏回重往喻之，乃反丘門，弦歌誦書，終身不輟。

陳大夫聘魯，私見叔孫氏。叔孫氏曰：『吾國有聖人。』曰：『非孔丘邪？』曰：『是也。』『何以知其聖乎？』叔孫氏曰：『吾常聞之顏回曰：「孔丘能廢心而用形。」』陳大夫曰：『吾國亦有聖人，子弗知乎？』曰：『聖人孰謂？』曰：『老聃之弟子有亢倉子者，得聃之道，能以耳視而目聽。』魯侯聞之大驚，使上卿厚禮而致之。亢倉子應聘而至。魯侯卑辭請問之。亢倉子曰：『傳之者妄。我能視聽不用耳目，不能易耳

目之用。』魯侯曰：『此增异矣。其道奈何？寡人終願聞之。』亢倉子曰：『我體合于心，心合于氣，氣合于神，神合于無。其有介然之有，唯然之音，雖遠在八荒之外，近在眉睫之內，來干我者，我必知之。乃不知是我七孔四支之所覺，心腹六藏之所知，其自知而已矣。』魯侯大悦。他日以告仲尼，仲尼笑而不答。

商太宰見孔子曰：『丘聖者歟？』孔子曰：『聖則丘何敢，然則丘博學多識者也。』商太宰曰：『三王聖者歟？』孔子曰：『三王善任智勇者，聖則丘弗知。』曰：『五帝聖者歟？』孔子曰：『五帝善任仁義者，聖則丘弗知。』曰：『三皇聖者歟？』孔子曰：『三皇善任因時者，聖則丘弗知。』商太宰大駭，曰：『然則孰者爲聖？』孔子動容有間，曰：『西方之人有聖者焉，不治而不亂，不言而自信，不化而自行，蕩蕩乎民無能名焉。丘疑其爲聖。弗知真爲聖歟？真不聖歟？』商太宰嘿然心計曰：『孔丘欺我哉！』

子夏問孔子曰：『顔回之爲人奚若？』子曰：『回之仁賢于丘也。』曰：『子貢之爲人奚若？』子曰：『賜之辯賢于丘也。』曰：『子路之爲人奚若？』子曰：『由之勇賢于丘也。』

曰：『子張之爲人奚若？』子曰：『師之莊賢于丘也。』子夏避席而問曰：『然則四子者何爲事夫子？』曰：『居！吾語汝。夫回能仁而不能反，賜能辯而不能訥，由能勇而不能怯，師能莊而不能同。兼四子之有以易吾，吾弗許也。此其所以事吾而不貳也。』

子列子既師壺丘子林，友伯昏瞀人，乃居南郭。從之處者，日數而不及。雖然，子列子亦微焉。朝朝相與辯，無不聞。而與南郭子連墻二十年，不相謁請；相遇于道，目若不相見者。門之徒役以爲子列子與南郭子有敵不疑。有自楚來者，問子列子曰：『先生與南郭子奚敵？』子列子曰：『南郭子貌充心虛，耳無聞，目無見，口無言，心無知，形無惕。往將奚爲？雖然，試與汝偕往。』閱弟子四十人同行。見南郭子，果若欺魄焉，而不可與接。顧視子列子，形神不相偶，而不可與群。南郭子俄而指子列子之弟子末行者與言，衎衎然若專直而在雄者。子列子之徒駭之。反舍，咸有疑色。子列子曰：『得意者無言，進知者亦無言。用無言爲言亦言，無知爲知亦知。無言與不言，無知與不知，亦言亦知。亦無所不言，亦無所不知；亦無所言，亦無所知。如斯而已。汝奚妄駭哉？』

子列子學也，三年之後，心不敢念是非，口不敢言利害，始得老商一眄而已。五年之後，心更念是非，口更言利害，老商始一解顏而笑。七年之後，從心之所念，更無是非；從口之所言，更無利害。夫子始一引吾并席而坐。九年之後，橫心之所念，橫口之所言，亦不知我之是非利害歟，亦不知彼之是非利害歟，外内進矣。而後眼如耳，耳如鼻，鼻如口，口無不同。心凝形釋，骨肉都融。不覺形之所倚，足之所履，心之所念，言之所藏。如斯而已。則理無所隱矣。

初，子列子好游。壺丘子曰：『禦寇好游，游何所好？』列子曰：『游之樂所玩無故。人之游也，觀其所見；我之游也，觀之所變。游乎游乎！未有能辨其游者。』壺丘子曰：『禦寇之游固與人同歟，而曰固與人异歟？凡所見，亦恒見其變。玩彼物之無故，不知我亦無故。務外游，不知務内觀。外游者，求備于物；内觀者，取足于身。取足于身，游之至也；求備于物，游之不至也。』于是列子終身不出，自以爲不知游。壺丘子曰：『游其至乎！至游者，不知所適；至觀者，不知所眂。物物皆游矣，物物皆觀矣，是我之所謂游，是我之所謂觀也。故曰：游其至矣乎！游其至矣乎！』

龍叔謂文摯曰：『子之術微矣。吾有疾，子能已乎？』文摯曰：『唯命所聽。然先言子所病之證。』龍叔曰：『吾鄉譽不以爲榮，國毀不以爲辱。得而不喜，失而弗憂，視生如死，視富如貧，視人如豕，視吾如人。處吾之家，如逆旅之舍；觀吾之鄉，如戎蠻之國。凡此衆疾，爵賞不能勸，刑罰不能威，盛衰、利害不能易，哀樂不能移。固不可事國君，交親友，御妻子，制僕隸。此奚疾哉？奚方能已之乎？』文摯乃命龍叔背明而立，文摯自後向明而望之。既而曰：『嘻！吾見子之心矣，方寸之地虛矣。幾聖人也！子心六孔流通，一孔不達。今以聖智爲疾者，或由此乎！非吾淺術所能已也。』

無所由而常生者，道也。由生而生，故雖終而不亡，常也。由生而亡，不幸也。有所由而常死者，亦道也。由死而死，故雖未終而自亡者，亦常也。由死而生，幸也。故無用而生謂之道，用道得終謂之常；有所用而死者亦謂之道，用道而得死者亦謂之常。季梁之死，楊朱望其門而歌。隨梧之死，楊朱撫其尸而哭。隸人之生，隸人之死，衆人且歌，衆人且哭。

目將眇者，先睹秋毫；耳將聾者，先聞蚋飛；口將爽者，先辨淄澠；鼻將窒者，先覺焦朽；體將僵者，先亟奔佚；心將迷者，先識是非；故物不至者則不反。

鄭之圃澤多賢，東里多才。圃澤之役有伯豐子者，行過東里，遇鄧析。鄧析顧其徒而笑曰：『爲若舞，彼來者奚若？』其徒曰：『所願知也。』鄧析謂伯豐子曰：『汝知養養之義乎？受人養而不能自養者，犬豕之類也；養物而物爲我用者，人之力也。使汝之徒食而飽，衣而息，執政之功也。長幼群聚而爲牢藉庖厨之物，奚异犬豕之類乎？』伯豐子不應。伯豐子之從者越次而進曰：『大夫不聞齊魯之多機乎？有善治土木者，有善治金革者，有善治聲樂者，有善治書數者，

有善治軍旅者，有善治宗廟者，群才備也。而無相位者，無能相使者。而位之者無知，使之者無能，而知之與能爲之使焉。執政者，乃吾之所使，子奚矜焉？』鄧析無以應，目其徒而退。

公儀伯以力聞諸侯，堂谿公言之于周宣王，王備禮以聘之。公儀伯至，觀形，懦夫也。宣王心惑而疑曰：『女之力何如？』公儀伯曰：『臣之力能折春螽之股，堪秋蟬之翼。』王作色曰：『吾之力能裂犀兕之革，曳九牛之尾，猶憾其弱。女折春螽之股，堪秋蟬之翼，而力聞天下，何也？』公儀伯長息退席，曰：『善哉王之問也！臣敢以實對。臣之師有商丘

子者，力無敵于天下，而六親不知，以未嘗用其力故也。臣以死事之。乃告臣曰：「人欲見其所不見，視人所不窺；欲得其所不得，修人所不爲。故學眎者先見輿薪，學聽者先聞撞鐘。夫有易于內者無難于外。于外無難，故名不出其一家。」今臣之名聞于諸侯，是臣違師之教，顯臣之能者也。然則臣之名不以負其力者也，以能用其力者也，不猶愈于負其力者乎？』

中山公子牟者，魏國之賢公子也。好與賢人游，不恤國事，而悦趙人公孫龍。樂正子輿之徒笑之。公子牟曰：『子何笑牟之悦公孫龍也？』子輿曰：『公孫龍之爲人也，行無師，學無友，佞給而不中，漫衍而無家，好怪而妄言。欲惑人之心，屈人之口，與韓檀等肄之。』公子牟變容曰：『何子狀公孫龍之過歟？請聞其實。』子輿曰：『吾笑龍之詒孔穿，言「善射者，能令後鏃中前括，發發相及，矢矢相屬。前矢造準而無絶落，後矢之括猶銜弦，視之若一焉」。孔穿駭之。龍曰：「此未其妙者。逢蒙之弟子曰鴻超，怒其妻而怖之。引烏號之弓，綦衛之箭，射其目。矢來注眸子而眶不睫，矢隧地而塵不揚。」是豈智者之言與？』公子牟曰：『智者之言固非愚者之所曉。後鏃中前括，鈞後于前。矢注眸子而眶不睫，盡矢之勢也。子何疑焉？』樂正子輿曰：『子，龍之徒，焉得不飾其闕？吾又言其尤者。龍誑魏王曰：「有意不心。有指不至。有物不盡。有影不移。髮引千鈞。白馬非馬。孤犢未嘗有母。」其負類反倫，不可勝言也。』公子牟曰：『子不諭至言而以爲尤也，尤其在子矣。夫無意則心同，無指則皆至。盡物者常有。影不移者，説在改也。髮引千鈞，勢至等也。白馬非馬，形名離也。孤犢未嘗有母，非孤犢也。』樂正子輿曰：『子以公孫龍之鳴皆條也。設令發于餘竅，子亦將承之。』公子牟默然良久，告退，曰：『請待餘日，更謁子論。』

堯治天下五十年，不知天下治歟？不治歟？不知億兆之願戴己歟？不願戴己歟？顧問左右，左右不知。問外朝，外朝不知。問在野，在野不知。堯乃微服游于康衢，聞兒童謠曰：『立我蒸民，莫匪爾極。不識不知，順帝之則。』堯喜問曰：『誰教爾爲此言？』童兒曰：『我聞之大夫。』問大夫，大夫曰：『古詩也。』堯還宮，召舜，因禪以天下。舜不辭而受之。

關尹喜曰：『在己無居，形物其箸。其動若水，其靜若鏡，其應若響。故其道若物者也。物自違道，道不違物。善若道者，亦不用耳，亦不用目，亦不用力，亦不用心。欲若道而用視聽形智以求之，弗當矣。瞻之在前，忽焉在後；用之彌滿，六虛廢之，莫知其所。亦非有心者所能得遠，亦非無心者所能得近。唯默而得之而性成之者得之。知而亡情，能而不爲，真知真能也。發無知，何能情？發不能，何能爲？聚塊也，積塵也，雖無爲而非理也。』